Cantilène

Murielle Lucie Clément

Cantilène

MLC

Du même auteur

Sur un rayon d'amour (poésie)
Les Nuits sibériennes (poésie)
L'Arc-en-ciel (poésie)
Le Nagal (poésie)
Le Pyrophone (poésie)
Spleen d'Amsterdam (poésie)

www.emelci.com

Editions MLC
Le Montet – 36340 Cluis

ISBN : 978-2-37432-010-6
Dépôt légal : octobre 2015

A mes amis

Chante encore

Je t'attends dans ma nuit
Qui hurle dans le vent !
Éclair bleu de lumière
Qui sourit dans mon sommeil !
Viens donc beau prince
Sur ton cheval blanc
Baise-moi de tes lèvres vermeilles.
Donne-moi de la romance
Tu vois bien que je t'attends,
Rends-moi un peu d'enfance
Pour réchauffer mon cœur dolent.

Prends ta guitare folle,
Joue les airs d'autrefois,
Joue les airs de demain,
Et tous ceux qui sont en toi.
Que ton œil bleu s'allume,
Lac où rage les tempêtes.
Que ta voix gronde et caresse,
Ouragan au mont d'ivresse.

Va, chante, crie, murmure,
Chuchote ou susurre
Des paroles pleines de tendresse.

Je veux entendre encore une fois
Au moins. Ta chère voix dans ma détresse.

Tu penses encore

Tu penses encore
Que près d'un corps
Que tu aimeras,
Ce sera l'amour
Au petit matin
Que tu trouveras.
Mais je te dis,
Car vraiment tu
Es mon ami.
Ce n'est pas l'amour
Qui te visitera
Après cette nuit.

Tu peux venir
Tout près de moi
Et chuchoter,
Me confier
Au creux de l'oreille
Tous tes péchés.
Tu peux penser
Que c'est ça l'amour,
Tu peux m'aimer.
Mais je te dis,
Car vraiment tu

Es mon ami.

On reste ensemble
Toute la nuit
Je te sens trembler,
Car tu comprends
Ce que c'est maintenant
Vraiment que d'aimer.
Tu sais aussi
La vérité
Qu'après l'amour.
Même sous les
Plus tendres baisers
Tu restes à jamais esseulé
Tu peux pleurer.

Quelquefois

Quelquefois je me sens vieux
D'une expérience infinie
Lorsque je regarde dans tes yeux
Je voudrais être ton ami.

Pourquoi ?
Je sais pas
C'est comme ça
C'est la vie.

Dès le soir où je t'ai vue
Tout mon corps a tout de suite cru
Que je pourrai te faire confiance,
Mais je me suis vite aperçu
Qu'il y avait une connivence,
Entre nos deux âmes perdues.

Pourquoi ?
Je sais pas
C'est comme ça
C'est la vie.

Je peux si tu veux te prendre la main,
T'emmener vers mes matins

Si tu crois être assez forte
Pour que l'espoir nous emporte.
Alors c'est d'accord, petit cœur
Du moment que tu n'as pas peur
Viens rentre dans ma vie,
Je peux être ton ami.

Le poète

Un petit cul bien serré
Dans un jean délavé
Ça me remonte le moral
Et je repars en cavale.

Je veux sentir dans mes mains
Des belles fesses, de gros seins.
Je suis poète,
Les pavés,
Les couleurs,
Les sons,
Les lumières
Tout m'inspire
Dans cette ville.
Mais si je roule
Un petit joint
Je refais le plein,
Finis les problèmes
Je suis en pleine bohème
Je repars à l'assaut
De mon cher ego.
Je vous refile des textes
Qui sont dans le contexte.
Je suis poète

16

Y a plein d'étoiles
Dans ma tête.
Dans la rue
Je suis ému
Et pour ça :

Un petit cul bien serré
Dans un jean délavé
Ça me remonte le moral
Et j'enfourche ma cavale.

Que…

Que les couleurs marines voguent sur l'océan de nos désirs réalisés emportant dans leurs flots l'ardeur de nos valeurs conquises à la force de nos cœurs ouverts en corolles qui s'offrent sans faillir dans les matins blafards !

Que les arcs-en-ciel enflamment les aurores de nos nuits vagabondes striées d'emblèmes d'or, éveillent en nos âmes des idéaux vainqueurs qui des vains ennemis apaisent les fureurs.

Que notre amour perdure dans les entrelacis de la vie taquine qui, mâtine, s'efforce à séparer les amants innocents dans leur quête de chaleur puisqu'il gèle à fendre pierre au pays des humains.

Que le Graal m'apparaisse, calice salvateur,

Que ce soit avec toi, auteur de mon bonheur,

Que ce soit ensemble que nous gravissions la pente !

Que …

Que…

Qu'il n'y soit plus sur terre aucun, mais aucun malheur.

La coccinelle

Vois la coccinelle
Vois comme elle est belle
Avec sa robe rouge
Et les petits points noirs.

Compte quel âge a-t-elle
La petite sentinelle
Rapide elle bouge
S'en va dans le soir.

Chanson connue, archi connue

Y a plein d'hommes autour de moi
Petite pomme
Et moi je suis toujours là
Comme une conne !

Il m'avait dit
On s'reverra
J't'ai à la bonne
J'étais restée toute baba
Comme une conne !

C'est pas pour dire
C'est marrant la vie
C'est pas pour rire
C'est vraiment ce qu'il a dit
C'est vraiment ce qu'il a dit !

Agonie

Toi, tu n'as pas eu le droit
De mourir dans ton lit.
Tu n'as pas pu, pourquoi,
T'apaiser dans ton lit ?

Quand la vie a défilé
Devant tes yeux.
Que tu as su
C'est le jour heureux,
On ne t'a pas laissée.

Agitée, malheureuse,
Toutes sirènes sifflantes,
On t'a transportée,
Ballottée.

Enfin gisante,
Les tuyaux dans le nez,
L'oxygène apaisant
Tu t'es débattue.
Tu as crié.
Je n'ai pas osé pleurer.
Même si je savais
Que le matin

Tu ne reverrais.
J'étais la saltimbanque.
Je leur ai dit :
Soignez-la, c'est ma tante.

C'est le destin.

Eté

Merveilleux été
J'ai l'âme ravie,
Je pars pour Paris,
Revoir mes amis.
Vive le marché
De la Poésie !

Cador et celle

Autrefois
J'avais un chien.
Je me promenais
Beaucoup.
Je voulais rendre
Quelqu'un
Heureux.
Alors, pourquoi pas
Un chien ?

Ensemble nous…
Avons… marché.
Ensemble… nous
Avons… dormi.
La vie agréable…
Confortable…
Intime.
Tellement intime !

Tu me regardais…
Je te regardais…
Nous marchions
A perdre haleine.
C'était bien ainsi.

Mais les chiens…
Tout comme…
Les hommes.
Courent après…
Leur queue.
Une chienne
En chaleur
Passe…
Ils…disparaissent.

Cela se termina…
Comme… le reste !
Incontrôlé !

Tout simplement,
Des souvenirs,
Sont tout
Ce qui m'est resté.

Hélas, trois fois hélas

Il y a ceux qui ne comprennent pas,
Qui n'ont rien compris.
Il y a ceux qui ne comprennent pas,
Ne comprendront jamais la vie.
Je te voulais à moi,
Je me voulais à toi.
Résultat : je suis parti.

Tu avais un autre idéal.
Nom de Dieu, que ça fait mal !
Nous nous sommes
Frottés,
Déchirés,
Arrachés.
Nous nous sommes
Tant aimés.

Lalala

Je t'envoie mon CD
Paru le 14 juillet.
Vive la musique !
Vive le chant !
Vive la voix !

À bas félonne sordide !
Perfide Albion !
A bas la trahison,
Mon chant se dévide.

Avec l'air des lampions
Glorieux retentit
Vainqueur, il se hisse
Aux sommets créateurs.
Ma voix, la ridelle,
Éloigne les malfaiteurs.

I had you Baby

I had you Baby
One night or two, who cares!
I had you Baby,
I know, I got my share.
You said I love you
Why don't you come darling?
I said I leave you
I came visiting.
I had you Baby,
I know, I got my share.

What to do, what to do ?

What to do, what to do ?
They eat my plants,
Scare me to death.
A friend of mine said to me :

– But Baby, borough a cat of mine.
– You crazy, I replied, I have mice
Is this not enough? What you want me to do
with a cat besides ?
He said:
– Cat catch mice!
– Oh yeah? What if mice catch cat ?"

To that he said none
So, I figure it
Is now like that
I'm the lucky one
Who may share a flat
With two mice.
Instead of me,
Myself and I,
It is now
Two mice, me,
Myself and I.

I guess, we just will
Have to get used
To each other.
It's a five room-flat
Plenty of space
For
All of us.

Not knowing whom I meant
The mice or the showmen
So yeah, now there are more
Mice, I mean, than men.

J'ai fait un rêve

J'ai fait un rêve
J'avais des ailes immenses,
toutes blanches.
Je volais dans les airs.
Au-dessus des bois,
au-delà des rivières,
là-bas vers le désert.
Le soleil brillait,
mon cœur battait fort.
Serré dans mon bec,
je tenais une petite branche.
Je cherchais un endroit
où bâtir mon nid.
Je traversais un arc-en-ciel.
Je traversais des orages.
J'arrivais dans ton pays détruit.
Toi, blotti au creux des ruines,
tu me fis signe.
Dans ton regard,
je vis l'espoir.
Alors dans l'arbre qui n'avait plus de feuille,
j'ai atterri.
C'est là, que je veux faire mon nid.
Tu sais, Printemps reviendra.

Il revient toujours.
Mais tu as raison.
Quelquefois, Hiver est très long.
Trop long.

Si ce rêve était vrai.
Si j'étais La Paix.
Avec toi je resterais.

I had a dream

I had a dream.
I had huge wings
All white.
I was flying through the air.
High above forests
Further than the river.
Far away to the desert.
The sun was bright and clear.
My heart was bouncing.
I hold a little twig in my beak.
I was in search of a place to build my nest.
I went through a rainbow.
I went through thunder.
I reached your poor destroyed country.
Half hidden amidst the ruins,
You waved at me.
I saw hope in your eyes.
Therefore I landed on this leafless tree.
Here, I want to make my nest.
You see Spring always comes back.
But you are right.
Sometimes Winter lasts very long.
Too long.

If this dream came true
Let say, I was Peace.
I had stayed with you.

Ik heb gedroomd

Ik heb gedroomd.
Ik droeg grote witte vleugels.
Ik vloog door de lucht heen.
Boven bosse.
Verder dan rivieren.
Naar de woestijn toe.
De zon scheen helder.
Mijn hart bonsde.
In mijn snavel,
Hield ik een takje geklemd.
Ik zocht een plekje om mijn nest te bouwen.
Ik ging door een regenboog heen.
Ik ging door onweer.
Ik kwam in je verwoest land.
Vanuit een gebrokkelde muur,
wuifde jij naar mij toe.
Ik las hoop in je blik.
Daarom streekte ik om deze boom neer.
Hij heft geen bladeren meer.
Hier zou ik mijn nest bouwen.
Weet je, Lente zal terug komen.
Het komt altijd terug.
Maar jij hebt gelijk.

Soms duurdt Winter heel lang.
Te lang.

Als mijne droom waarheid was,
Zeg ik was Vrede,
Dan bij jou zou ik blijven.

Table des poèmes

www.ingramcontent.com/pod-product-compliance
Lightning Source LLC
Chambersburg PA
CBHW021920040426
42448CB00007B/844